Ma santé

Je vais chez

le dentiste

Sally Hewitt

Texte français d'Hélène Rioux

Éditions
SCHOLASTIC

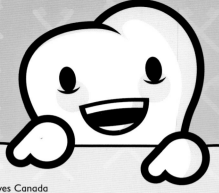

Catalogage avant publication de Bibliothèque et Archives Canada

Hewitt, Sally, 1949-
[Going to the dentist. Français]
      Je vais chez le dentiste / Sally Hewitt ; texte français d'Hélène Rioux.

(Ma santé)
Traduction de : Going to the dentist.
ISBN 978-1-4431-4963-1 (couverture souple)

      1. Pédodontie--Ouvrages pour la jeunesse. 2. Dentisterie--Ouvrages
pour la jeunesse. I. Titre. II. Titre: Going to the dentist. Français.

RK55.C5H4914 2016   j617.6'45   C2015-904640-8

Conception graphique : Astwood Design

Édition publiée par les Éditions Scholastic, 604, rue King Ouest, Toronto (Ontario) M5V 1E1, avec la permission de QED Publishing.

Références photographiques :
Légende : h = en haut; b = en bas; g = à gauche; d = à droite; c = au centre; pc = page de couverture

Shutterstock 4-5 Sergiy Bykhunenko, 6bg Robyn Mackenzie, 6-7 stavklem, 7 Yasonya, 8 wavebreakmedia, 20bd donfiore, 22b Lusoimages, 22bd Irina Rogova,

Steve Lumb 9, 10, 12, 13, 14-15, 17, 19, 20bg, 21, 22hg, 23

Les mots en **caractères gras** figurent dans le glossaire de la page 24.

5 4 3 2 1   Imprimé en Chine CP141   16 17 18 19 20

Table des matières

Des dents saines

Quand tu souris, les gens voient tes dents.

4

C'est agréable d'avoir un beau sourire avec des dents propres et saines.

5

Les fruits et les légumes
sont bons pour tes
dents.

« Crounch
   Crounch »

« Miam Miam »

Ils contribuent à la santé et à la solidité de tes dents.

Il faut toujours se brosser
les dents le matin...

et le soir,
avant d'aller
au lit.

Chez le dentiste

Le **dentiste** t'aide à prendre soin de tes dents.

Tu devrais aller le voir deux fois par an.

9

La salle d'attente

10

Si le dentiste est occupé, tu dois attendre.

Tu peux t'asseoir dans la salle d'attente et lire un livre.

La chaise du dentiste

Chez le dentiste, tu t'assois sur une chaise qui monte, descend et s'incline vers l'arrière.

Le dentiste te donne des lunettes spéciales pour **protéger** tes yeux.

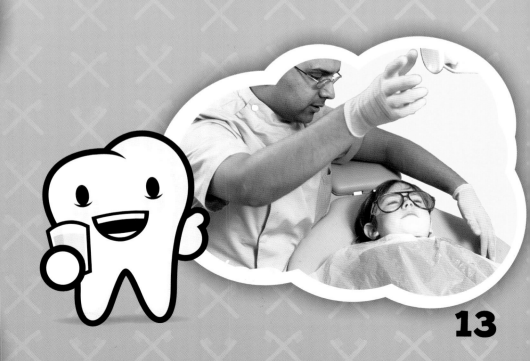

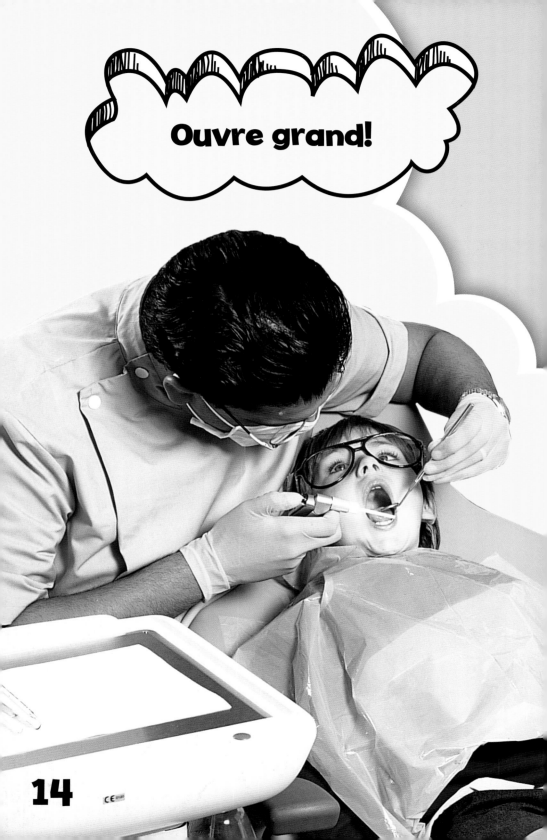

Ouvre grand!

« Ouvre grand la bouche »,
te demande le dentiste.

Le dentiste projette une
lumière dans ta bouche et,
à l'aide d'un petit miroir, il
examine tes dents.

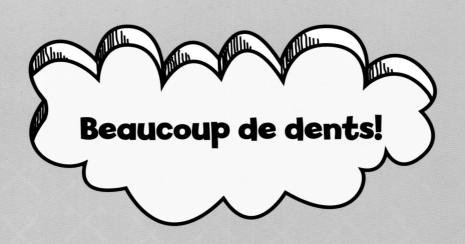

Beaucoup de dents!

Ensuite, le dentiste compte tes dents.

As-tu toutes tes **dents de lait**? Si oui, tu as dix dents en haut et dix dents en bas.

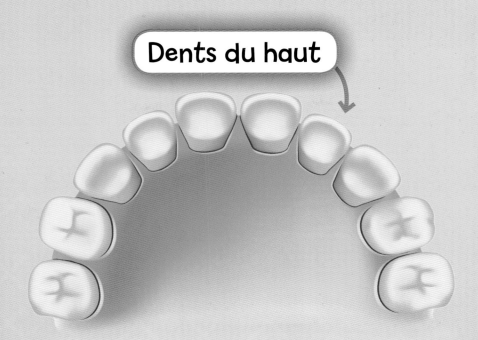

Dents du haut

En tout, ça fait vingt dents!

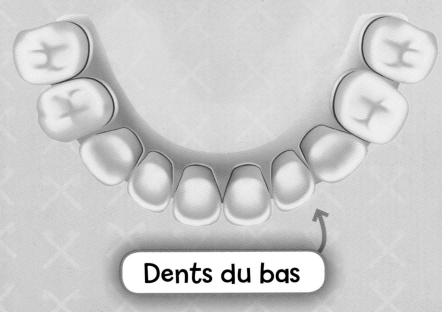

Dents du bas

17

Le nettoyage

Le dentiste te nettoie les dents avec de l'eau et des instruments spéciaux.

Ces instruments bourdonnent quand ils nettoient et **polissent** tes dents!

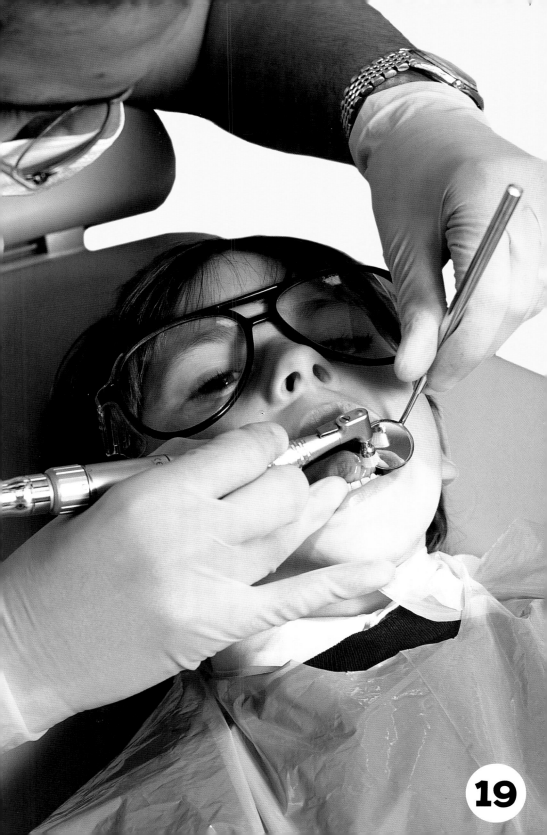

19

Quand le dentiste a terminé son travail, tu te rinces la bouche avec de l'eau.

Puis tu craches l'eau dans le petit lavabo.

Garde tes dents propres

Le dentiste va aussi te montrer la meilleure façon de te brosser les dents.

Chez toi, essaie de te brosser les dents comme il te l'a montré.

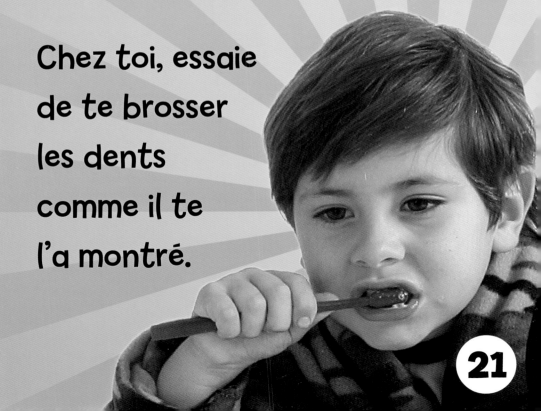

21

Souvent, les dentistes donnent une trousse pour aider à garder les dents propres.

Tu recevras peut-être même un autocollant!

22

Un beau sourire

As-tu un petit frère ou une petite sœur? Pourquoi ne pas leur montrer comment se brosser les dents?

Et ils auront un beau sourire, eux aussi.

Glossaire

Dentiste Personne qui sait beaucoup de choses sur les dents et qui t'aide à garder des dents saines et solides.

Dents de lait Dents qui poussent quand tu es encore un bébé. Elles sont remplacées par des dents d'adulte que tu garderas toute ta vie.

Polir Frotter quelque chose pour le rendre propre et brillant.

Protéger Garder quelque chose en sécurité.